19 Novembre 1856.

CATALOGUE
DE LA COLLECTION DE

TABLEAUX

DE L'ÉCOLE FRANÇAISE

MEUBLES EN BOIS SCULPTÉ, TERRES CUITES, PORCELAINES

PROVENANT

Du Cabinet de M. **COURNERIE**, Miniaturiste

DONT LA VENTE AURA LIEU

HOTEL DES VENTES MOBILIÈRES

Rue Drouot, 5

SALLE N° 5

Le Mercredi 19 Novembre 1856

POUR CAUSE DE DÉPART

Par le ministère de M° Henri **BLOT**, Commissaire-Priseur,
rue Neuve Saint-Augustin, 62,

Assisté de M. **COURNERIE**, Expert, rue des Saints-Pères, 40,

CHEZ LESQUELS SE DISTRIBUE LE PRÉSENT CATALOGUE.

Exposition particulière : Le 18 Novembre de midi à 5 heures.
Exposition publique : Le 19, jour de la vente, de midi à 2 heures.

PARIS
MAULDE ET RENOU
IMPRIMEURS DE LA COMPAGNIE DES COMMISSAIRES-PRISEURS
rue de Rivoli, 144.

1856.

CONDITIONS DE LA VENTE

Elle sera faite au comptant.

Les acquéreurs payeront en sus des adjudications, 5 % applicables aux frais

AVANT-PROPOS

Le grand nombre des catalogues destinés à faire connaître les tableaux soumis dans les ventes à l'appréciation des Amateurs ne présentant pas toujours à ces derniers les valeurs artistiques qu'ils promettent, soit ignorance ou conviction de la part des vendeurs, il nous a semblé important d'éviter ces erreurs préjudiciables, et, pour atteindre ce but, de passer rapidement sur l'ensemble de notre Collection, afin de laisser aux véritables connaisseurs le soin d'apprécier des œuvres qui, nous le croyons, se recommandent suffisamment d'elles-mêmes.

Ainsi, Blanchard, Mignard, Grimou, Tournière, Jean-Baptiste Vanloo, Boucher, Lenfant et Nattier, viennent, ainsi que le ravissant Chardin, Joseph Vernet, Hubert Robert, Fragonard, Lantara et Madame Vallayer Coster, former un ensemble des noms les plus estimés, les plus recherchés de l'École française pendant le XVIIIe siècle, et, nous le disons avec conviction, d'œuvres choisies parmi les meilleures de ces maîtres.

L'honneur de notre vente nous semble revenir de droit au fondateur et illustre représentant de l'école romantique. J'ai nommé Géricault.

Son œuvre exposée, d'une conservation parfaite, d'une authenticité incontestable et prouvée, résume dans un cadre de chevalet toutes les beautés, admirées en Angleterre comme en France, de son tableau de la Méduse !

Cette vente, quoique spéciale et faisant appel aux amateurs des Peintres français, offre cependant un choix distingué des meilleurs noms flamands et espagnols dans le genre le plus en harmonie avec les Peintres désignés.

Nous citerons entre autres Huysmans de Malines, Kalf, Téniers père et Van Daël parmi les Flamands.

Murillo et Vélasquez avec des œuvres dignes de leur renommée.

Diaz, Alexandre Couder, Coulon, Watelet, Flers et autres modernes viennent se grouper autour d'une Miniature représentant, d'après le célèbre tableau de Boucher, de la brillante collection de M. Jules Duclos, la marquise favorite de Pompadour.

DÉSIGNATION
DES TABLEAUX

ÉCOLE FRANÇAISE

CHARDIN.

1 — Singe peignant.

DU MÊME.

2 — Nature morte.

DU MÊME.

3 — Femme couchée.

DU MÊME.

4 — Portrait de sa seconde femme.

BOUCHER.

5 — Louis XV jeune, costumé en pèlerin, dans une fête citée par Saint-Simon.

DU MÊME.

6 — Baigneuse et Satyre.

Gouache.

VANLOO (JEAN-BAPTISTE).

7 — Diane, assise au milieu d'un groupe de jeunes femmes, reçoit des fruits que ces dernières lui présentent.

Le Musée du Louvre possède le dessin de notre Diane, seulement sous le n° 11,314, et signé Jean-Baptiste Vanloo.

MIGNARD.

8 — Portrait de Mlle de La Vallière.

HUBERT ROBERT.

9 — Monuments de Rome; effet de soleil couchant.

Tableau orné de plus de 50 figures.

Provenance. (Prince de Condé.)

DU MÊME.

10 — Pont conduisant à un temple circulaire construit sur le haut d'un rocher.

Belles figures.

Provenance. (Prince de Condé.)

DU MÊME.

11 — Ruines de divers monuments de Rome.

Tableau connu sous le nom du Robert au grand vase antique.

DU MÊME.

12 — Pont conduisant à un bastion crénelé.

Tableau de forme ronde.

FRAGONARD.

13 — Vue des cascades de Tivoli.

Tableau orné de jolies baigneuses.

NATTIER.

14 — Portrait de femme.

DU MÊME.

15 — Une des filles de Louis XV costumée en Minerve.

LANTARA.

16 — Paysage.

LENFANT.

17 — Un Souper interrompu.

TOURNIÈRE.

18 — Portrait d'homme.

> Le Musée de Versailles possède la copie de notre tableau et désigne le personnage comme étant Maupertuis.

VALLAYER COSTER (Mme).

19 — Instruments de musique.

DE LA MÊME.

20 — Fleurs dans un verre.

DE LA MÊME.

21 — Fleurs dans un vase.

Ce fixé a appartenu à l'impératrice Joséphine.

DE LA MÊME.

22 — Pendant du précédent.

Même provenance.

DE LA MÊME.

23 — Fleurs sur une tabatière.

Fixé.

DE LA MÊME.

24 — Bouquet de fleurs.

Aquarelle.

DE LA MÊME.

25 — Étude d'iris.

DE LA MÊME.

26 — Étude de roses.

GRIMOU.

27 — Portrait de femme.

DU MÊME.

28 — Portrait d'homme.

GÉRICAULT.

29 — Radeau de *la Méduse*.

Cette toile provient de la vente Géricault, faite le 2 novembre 1824, à l'hôtel de Bullion, et vendue sous le n° 4 du catalogue de M. Henry.

BLANCHARD (Jacques).

30 — Sainte-Famille.

BOURGUIGNON.

31 — Bataille.

DU MÊME.

32 — Bataille.

VERNET (Joseph).

33 — Paysage montagneux avec rivière.

DU MÊME.

34 — Petit clair de lune.

LARGILLIÈRE.

35 — Esquisse d'un portrait.

ÉCOLE ESPAGNOLE

MURILLO.

36 — Fruits.

Tableau connu sous le nom de la Grappe de raisin.

DU MÊME.

37 — Nature morte et vivante.

DU MÊME.

38 — Fruits.

DU MÊME.

39 — Fruits.

Pendant du précédent.

VÉLASQUEZ.

40 — Riche composition de fruits.

DU MÊME.

41 — Fruits.

A appartenu au cardinal de Richelieu.

DU MÊME.

42 — Fruits.

Pendant du précédent. Même provenance.

ÉCOLE FLAMANDE

HUYSMANS (de Malines).

43 — Paysage.

> Site montagneux comparable en tous points aux deux chefs-d'œuvre de ce maître que possède M. Anguiot, amateur distingué de Paris.

KALF.

44 — Intérieur de cuisine.

DU MÊME.

45 — Même sujet.

SLINGELANDT (Van).

46 — Nature morte.

VANDAËL.

47 — Fleurs.

TÉNIERS (Père).

48 — Tentation de saint Antoine.

<small>Ce tableau est l'œuvre la plus capitale de ce maître.</small>

MAAS.

49 — Portrait de femme.

LEPRINCE (École Française).

49 bis. — Personnages Chinois.

ÉCOLE MODERNE

DIAZ.

50 — Groupe de trois figures dans un paysage.

COUDER (Alexandre).

51 — Fleurs.

COULON.

52 — Jeune femme ramassant une lettre.

Sujet lithographié.

FLERS.

53 — Paysage.

WATELET.

54 — Paysage.

COURNERIE.

55 — Portrait de Mme de Pompadour.

Miniature d'après Boucher.

DU MÊME.

56 — Jeune femme tenant des fleurs.

Pastel.

DU MÊME.

57 — Pastel d'après Diaz.

COUVERCHEL (Alf.).

58 — Bachi Bouzouk.

BOURGOUIN.

59 — Une attaque au nouveau Mexique.

DU MÊME.

60 — Promenade dans le parc.

MEUBLES

ET

AUTRES OBJETS

CLODION.

61 — Terre cuite.

62 — Un porte-carafe à vins.
_{A figuré à l'Exposition de Londres.}

63 — Meuble sculpté, forme tabernacle.

64 — Cabinet en marqueterie de bois et d'étain.

65 — Meuble en forme d'étagère.

66 — Petit meuble Louis XV, dessus en marbre.

67 — Cave à liqueurs, ancienne.

68 — Vases en porcelaine de Sèvres.
Provenant de la maison d'Orléans

69 — Petit meuble Louis XVI.

70 — Quatre fauteuils Louis XVI, fond blanc.

71 — Sous ce numéro les objets omis.

Imprimerie et lithographie de Maulde et Renou.

www.ingramcontent.com/pod-product-compliance
Lightning Source LLC
Chambersburg PA
CBHW060610050426
42451CB00011B/2184